MOLIÈRE

ET LE

MISANTHROPE

DU MÊME AUTEUR

L'ART ET LE COMÉDIEN

Un joli volume in-16 imprimé sur papier vergé de Hollande. . . . . 2 fr.

MOLIÈRE
ET LE
MISANTHROPE

PAR

C. COQUELIN
DE LA COMÉDIE-FRANÇAISE

PARIS

PAUL OLLENDORFF, ÉDITEUR
28 *bis*, rue de Richelieu
—
1881
Tous droits réservés.

IL A ÉTÉ TIRÉ DE CET OUVRAGE

15 exemplaires sur papier de Chine.

MOLIÈRE ET LE MISANTHROPE

J'AI entendu, il y a déjà nombreuses années, un homme d'infiniment d'esprit et de talent, quelque peu négligé aujourd'hui, ce me semble, — Léon Gozlan, — émettre en façon d'axiome l'opinion que voici : « L'un des premiers symptômes de la folie chez le comédien, — c'est de vouloir jouer le *Misanthrope*. »

La sentence me parut notable et je me la

suis toujours rappelée; de façon que je n'ai éprouvé aucune surprise lorsque plus tard, n'ayant pas plus qu'un autre échappé à la règle et m'entretenant avec quelques amis de mon désir naissant d'interpréter Alceste, je recueillis immédiatement cette réponse unanime : « Mais vous êtes fou, mon cher! » Je m'y attendais.

Cela ne m'a pas empêché du reste, je dois le dire, d'étudier la pièce en conscience et avec amour; cependant je n'ai pas joué Alceste, et, selon toute vraisemblance, je ne le jouerai jamais. Est-ce donc que je sois revenu à la raison ? Je n'oserais pas trop l'affirmer, car je ne me suis rendu qu'à contre cœur, et la considération qui m'a arrêté ne me semble pas très solide au fond. Cette considération, en effet, je vais vous la dire en confidence, c'est mon physique. La nature, à ce qu'on prétend, ne m'a pas gratifié d'un physique qui me permette de jouer Alceste. L'interprétation de ce rôle magistral exige, m'a-t-on dit, un nez fait d'une façon particulière, ou tout au moins particulièrement différente de la mienne. — Cela, je n'y puis rien. Devant cette sentence, plus cruelle que celle de Gozlan, qu'elle com-

lique, un mythe, la vertu incarnée, l'idéal humain.

Tous sont d'accord en somme pour le grandir sans mesure, en faire un personnage héroïque et fabuleux, l'honneur même, rendant ses oracles; on se ferait une mauvaise affaire à prendre contre lui le parti d'Oronte, de Philinte; à plus forte raison de Célimène; ceux même qui, dans la vie réelle, n'y seraient jamais pour lui et se feraient un plaisir de l'éviter chez les autres se croient obligés d'épouser d'autant plus sa cause au théâtre et de l'admirer bruyamment. On l'approuve d'un air accablé; on maudit avec lui cette société gangrenée qui le fait souffrir; c'est un héros, c'est un saint; tranchons le mot, un tragédien.

Et voilà, dans un mot, la condamnation de toutes ces belles théories. On fait d'Alceste un personnage tragique, c'est-à-dire qu'on biffe le titre du *Misanthrope*, qui est une comédie, s'il vous plaît, non pas même une comédie héroïque, comme *Garcie de Navarre*, mais une comédie purement et simplement, comme *Tartuffe* et l'*École des Femmes*; et qu'on méconnaît à la fois le véritable Alceste et le véritable Molière.

— comme je le jouerais, — ou comme j'aurais essayé de le jouer, si cet honneur m'avait été accordé par impossible.

Je dis donc, et ce sera mon premier point, que c'est maintenant une habitude, un pli pris, de voir Alceste autrement qu'il n'est et de chercher dans le *Misanthrope* tout autre chose que ce que Molière a voulu y mettre, et tout d'abord Molière lui-même.

Dans notre admiration pour le poète et pour son héros, en effet, nous avons été jusqu'à identifier la créature et le créateur. C'est une hérésie en théologie; je crois que c'en est une aussi en littérature.

Autrefois, c'était plutôt le duc de Montausier qu'on voulait trouver dans le *Misanthrope*. Et lui-même, paraît-il, aurait été jusqu'à remercier Molière et à l'embrasser pour la beauté du portrait, — tout en le déclarant flatté.

Quelques-uns font d'Alceste un janséniste, la personnification de l'honnêteté publique, indignée des mœurs du temps.

D'autres, l'élevant dans la sphère des Hamlet, des Faust et des Manfred, en font une espèce d'homme de douleur, un être symbolique, un mythe, la vertu incarnée, l'idéal humain.

Tous sont d'accord en somme pour le grandir sans mesure, en faire un personnage héroïque et fabuleux, l'honneur même, rendant ses oracles; on se ferait une mauvaise affaire à prendre contre lui le parti d'Oronte, de Philinte; à plus forte raison de Célimène; ceux même qui, dans la vie réelle, n'y seraient jamais pour lui et se feraient un plaisir de l'éviter chez les autres se croient obligés d'épouser d'autant plus sa cause au théâtre et de l'admirer bruyamment. On l'approuve d'un air accablé ; on maudit avec lui cette société gangrenée qui le fait souffrir; c'est un héros, c'est un saint; tranchons le mot, un tragédien.

Et voilà, dans un mot, la condamnation de toutes ces belles théories. On fait d'Alceste un personnage tragique, c'est-à-dire qu'on biffe le titre du *Misanthrope*, qui est une comédie, s'il vous plaît, non pas même une comédie héroïque, comme *Garcie de Navarre*, mais une comédie purement et simplement, comme *Tartuffe* et l'*École des Femmes*; et qu'on méconnait à la fois le véritable Alceste et le véritable Molière.

Qu'est-ce que Molière en effet?. Qu'a-t-il voulu être? Un auteur comique, rien de plus. En quoi il a admirablement réussi du reste. Car ce n'est pas le rabaisser que de lui donner le nom qui lui convienne. Auteur comique il est, et cela lui suffit; et n'étant que cela, il se trouve être à mes yeux le plus grand, le plus extraordinaire, le plus complet des génies dramatiques passés, présents et futurs.

S'il est inférieur à Shakespeare en expression poétique, — ce n'était pas son affaire; — il lui est égal en fécondité, comme créateur, et supérieur en vérité.

Il n'a pas la miraculeuse imagination de son rival; mais cela même le sert et le rend plus profond dans son observation. Les individus créés par Shakespeare se démentent parfois; ceux de Molière, jamais.

Cela tient aussi à ce que Shakespeare étudie et peint l'homme surtout dans la passion, qui est mouvante, inégale et diverse, et monte ou s'abat selon la chaleur du sang; tandis que Molière s'attache surtout au caractère, qui ne change point.

Par cela même, et par d'autres points encore, il nous touche de plus près que son sublime rival; Molière nous est plus immédiat que Shakespeare. Celui-ci ne montre l'homme que dans des situations violentes, c'est-à-dire rares, et sa verve farouche y ajoute encore, sans parler du surnaturel qu'il y introduit à tout propos et qui éloigne en même temps de nous le spectacle et la leçon; tandis que Molière nous met aux prises avec l'événement et l'homme de tous les jours, et que nous ne pouvons faire un pas dehors, hélas! ni rentrer en nous-mêmes sans rencontrer ses personnages.

Et sans poursuivre davantage une comparaison inutile avec le seul homme toutefois qui lui puisse être comparé, — quelle invention comique! quelle diversité dans la haute comédie! quelle philosophie dans la charge! quelle raison! quelle fantaisie dans ses intermèdes, qui sont parfois une petite pièce s'enchâssant dans la grande! quelle vie et quel fourmillement de types, si nettement différenciés, d'un dessin si sûr, d'un coloris si gras et si large! Et partout et toujours, quel rire, quel beau et bon rire, coulant de source, coulant à plein godet, honnête, limpide et sincère, jamais jailli du chatouillement obscène ni du sarcasme amer ! Il n'est vice, ou faiblesse, ou sottise qui n'y passe ; il ne se laisse éblouir par aucune fausse respectabilité ; et du moment que le sentiment le plus sacré sort de la *juste nature,* Molière l'empoigne au passage, et en met à nu le ridicule. C'est ainsi qu'il montre et bafoue l'égoïsme jusque dans le cœur des pères, les Géronte, les Argan, les Harpagon ; l'injustice et la tyrannie dans l'amour le plus vrai, comme dans Arnolphe et dans tous ses jaloux ; et dans Orgon, le meilleur des hommes, tout ce que la vénération niaise et dévote peut déterminer d'inhumanité. Mais quelque fausseté qu'il découvre, quelque vanité qu'il joue, il rit toujours ; aucun autre homme n'a possédé à ce point la puissance du rire en demeurant si bon. — Et quand il fait agenouiller Arnolphe aux pieds d'Agnès, qu'il humilie devant cette petite fille toute la science de l'homme qui a vécu et toute la passion, quasi paternelle, de l'homme qui aime, et que la petite est impitoyable, et que c'est en vain qu'Arnolphe s'arrache un côté de cheveux, Molière ne veut pas qu'on s'attendrisse, et comme c'est lui qui joue le rôle « ses roulements d'yeux extravagants, ses soupirs ridicules, ses larmes niaises font éclater de rire tout le monde ».

Et l'on veut qu'il ait songé à nous faire pleurer dans Alceste ! Pourquoi donc ?

Il n'y a point de caractère tragique dans Molière. Il a aimé à jouer des tragédies, assure-t-on ; mais il n'en a point fait. Même dans *Don Juan*, qui cependant forme exception dans son œuvre, étant une imitation de la comédie espagnole, où Molière a subi la mode, il n'y a que le père de don Juan dont le rôle soit entièrement écrit du ton noble, et encore, berné qu'il est par son fils, nous le présente-t-on dans une situation comique. Non, encore une fois, Molière, emporté par la force de son génie, s'est proposé de faire la satire de son temps et de tous les temps ; il n'a jamais pensé à soulager son cœur sur la scène et à nous apitoyer sur ses infortunes personnelles.

Mais il était malheureux, dira-t-on. Bon gré mal gré, on se peint dans ses ouvrages, et le cœur n'est pas si loin de la tête qu'il ne monte à celle-ci, quand elle travaille, quelque chose des ivresses, des joies ou des larmes de celui-là.

Je demeure d'accord que, selon toute vraisemblance, à ce moment particulier de la première du *Misanthrope*, c'est-à-dire le 4 juin 1666, Molière devait être fort en peine. — Il relevait de maladie et venait de se brouiller avec sa femme, qu'il aimait.

Mais en réalité, on connaît mal son histoire ; il n'a point laissé de confidences et chacun sait qu'il ne nous reste de sa main que six lignes, qui sont une quittance. Il est donc malaisé de savoir au juste comment il supportait ses chagrins. On se base généralement, pour affirmer qu'il en souffrait au plus haut point, sur une conversation avec Chapelle que nous a rapportée tout au long quelqu'un qui n'y était pas présent, l'auteur inconnu d'un pamphlet odieux, la *Fameuse comédienne*. Ce n'est pas là un document sans réplique ; et je ne vois guère de bonnes raisons d'accepter ce passage du livre comme une page d'Évangile alors qu'on repousse le reste avec horreur. Ce libelle, écrit probablement sous l'inspiration de quelque comédienne, camarade et rivale d'Armande, noircit le plus qu'il peut celle qui fut la *Guérin* après avoir été la Molière, et appuie tout naturellement sur les chagrins qu'elle put causer à son premier mari.

Mais à côté de cette page où Molière a le beau rôle, il y en a d'autres où l'on nous le présente sous les plus révoltantes couleurs. Je ne spécifie pas : car c'est un petit trésor de pornographie que ce livre, — mieux écrit toutefois que la littérature qui s'enlève actuellement sur nos boulevards. On est donc forcé, pour corroborer la page de l'Évangile en question, de prendre ça et là, dans Molière, dans le *Bourgeois gentilhomme* par exemple, tel portrait, telle peinture de cœur, tel cri de vérité humaine : et on les interprète en faveur de la thèse.

L'interprétation est encore un goût à la mode. Il est admirable de voir ce que, d'induction en induction, un critique qui se respecte peut tirer d'un mot adroitement détourné de son sens. Je ne lis pas une de ces délicates analyses sans me rappeler certaine anecdote que je vous demande la permission de vous conter. Elle ne m'éloigne pas trop de mon sujet, puisqu'il s'agit de La Bruyère, qui nous a laissé, lui aussi, une *comédie humaine* intéressante encore, pour être d'un moraliste.

Les lettres de La Bruyère sont rares. Quelques-unes, jusqu'alors inédites, ayant été insérées dans l'édition de 1866, les critiques littéraires, mis en goût, en recherchèrent d'autres dont ils pussent orner leurs comptes rendus ; et Prévost-Paradol mit la main par fortune sur un recueil du xviiie siècle, qui en contenait une, adressée à Santeuil, le chanoine poète, ami de La Bruyère et, comme lui, commensal du prince de Condé. Santeuil s'était reconnu dans un des portraits de La Bruyère, *Théodas, l'enfant en cheveux gris;* il s'en était plaint ; et La Bruyère se défendait dans sa lettre d'une aussi méchante intention. Il calmait de son mieux les susceptibilités de son ami et terminait par une phrase ainsi commencée : *Quant aux circonstances du pâté...* etc. Les circonstances du pâté ! s'écriait Prévost-Paradol. Ce mot ne jette-t-il pas un jour nouveau sur cette vie de La Bruyère si hermétiquement fermée jusqu'aujourd'hui ? Ne voyez-vous pas La Bruyère à table avec le chanoine de Saint Victor ? Quelle gaieté, quel bel esprit et quel bon rire ! La Bruyère bon vivant, gourmand sans doute, comme son ami le chanoine ! Ce sont des perspectives inattendues pour nous. Ce *pâté* ne vous ramène-t-il pas, par la pensée, aux joyeux soupers de

Boileau, de La Fontaine et de Molière? La Bruyère, si sévère, si renfermé, avait donc, lui aussi, de ces intimités qui s'échauffent autour d'un pâté!...

Or, il existe une seconde édition de la lettre; mais il s'y trouve une légère variante de la phrase qui jette un si grand jour sur les mœurs et les habitudes de La Bruyère, et cette variante, qui est la bonne leçon, la voici : *Quant aux circonstances du Passé...;* etc. Le premier éditeur avait tout simplement laissé échapper une faute, et la fine et savante ingéniosité du critique s'était exercée sur une coquille. *Pasté, passé,* il n'en faut pas davantage pour fourvoyer un homme d'esprit. Défions-nous donc, je vous en prie, des interprétations à outrance.

Cependant, je le répète, je ne veux point nier que Molière ait *souffert.* Armande le trompait : Armande, qu'il avait épousée par amour, après l'avoir élevée avec la plus généreuse et la plus libérale bonté, et beaucoup plus comme l'Ariste de l'*École des Maris* que comme Arnolphe. C'était une âme sèche, un esprit frivole, nonchalante, affectée, coquette par-dessus toute chose, incapable de sortir de son petit *moi* vaniteux pour comprendre ni l'amour, ni le génie de son mari; — ne voyant en lui seulement que le mari, mari comme un autre, emporté, jaloux et ridicule; à chaque réconciliation où il consentait, l'estimant moins, parce qu'elle l'avait abaissé; et, pas plus que le valet de chambre de je ne sais plus quel Grec qu'on faisait fils de Jupiter, n'admettant que l'homme qu'elle savait ainsi bâti fut un demi-dieu.

On sait qu'elle le remplaça après sa mort par un comédien quelconque, auquel il paraît qu'elle fut fidèle; ce qui fit dire :

Elle avait un mari d'esprit qu'elle aimait peu ;
Elle en prend un de chair qu'elle aime davantage.

Avec cela, enfin, point vile ni vénale, ayant plus de travers que de perversité, sage sur le tard, et n'ayant pas beaucoup de cœur peut-être; mais le peu qu'elle en avait, ne l'ayant pas plus mauvais qu'une autre.

Voilà la femme de Molière, et, dit-on, la Célimène d'Alceste. C'est le portrait de l'accusée. C'est elle qu'on veut qu'il ait maudite en public, au dénouement du *Misanthrope*, mettant dans la bouche de son héros le cri de ses douleurs et la condamnation de son mépris : — ce que, pour ma part, je ne crois ni très prouvé, ni très vraisemblable.

Hé ! la conversation même avec Chapelle, à supposer qu'elle soit tirée, comme le croit M. Fournier, de quelque lettre originale tombée par hasard aux mains du libelliste, cette conversation, comment se termine-t-elle ? Molière y avoue qu'il s'est résolu à vivre avec Armande comme si elle n'était pas sa femme, et il ajoute pourtant qu'à considérer les choses, il se sent plus dans la disposition de la plaindre que de la blâmer.

C'est l'amour qui parle, à coup sûr ; mais c'est aussi, je pense, la suprême impartialité de l'observateur planant au-dessus de ses propres misères, allant aux causes et absolvant Armande au nom de la faiblesse humaine qu'il sent en son propre cœur et de l'éternelle faillibilité féminine.

Il ne faut pas l'oublier : Molière était philosophe, et de l'école d'Epicure ; il traduisit Lucrèce, il aima Gassendi. Il fut de ceux pour qui toutes choses sont relatives et qui ne gendarment ni ciel ni terre contre notre irrémédiable fragilité. Nous le voyons trop à travers ses dernières années, malade, irritable et... trompé. Son génie s'était formé pendant les premières, alors qu'à la suite de Madeleine Béjart, il menait à travers la France ce roman comique dont on relève aujourd'hui les étapes légendaires. Il ne pensait point alors à maudire les hommes, et encore moins les femmes sans doute. Il eut été bien ingrat. Madeleine, de quatre ans plus âgée que lui, lui fut tutélaire et maternelle. C'est elle qui lui mit la balle en main. Femme de tête (elle était fille d'huissier), économe, active, ne s'effrayant pas d'un procès, administrant la comédie errante, sachant les vers, rajustant les vieilles pièces, en composant peut-être de nouvelles, — maîtresse acariâtre parfois, mais amie fidèle, — telle fut celle qu'on peut appeler proprement la compagne de Molière.

Et comme on sait, elle ne l'accompagnait pas seule. Il y avait d'autres femmes dans la troupe, et l'ami Chapelle admirait comment Molière, à l'instar de Jupiter au siége de Troie, pouvait gouverner à la fois trois déesses : Madeleine, et Mlle du Parc, qui le changeait de Madeleine, et Mlle de Brie, qui le consolait de Mlle du Parc, sans parler d'une certaine Mlle Menou, qui le reposait des autres.

Cette Menou, du reste, ne l'en reposa pas toujours; si comme le conjecture le dernier historien de Molière, M. Loiseleur, ce nom-là n'est qu'un sobriquet, le pseudonyme de la toute jeune Armande, la soi-disant sœur de Madeleine, plus probablement sa fille, née de quelque caprice que la dame tenait à cacher.

On voit donc que Molière avait de quoi pardonner. Du reste, il ne s'éprenait pas en mauvais lieu. La de Brie était bonne et charmante; et quant à la du Parc, c'est cette Marquise fameuse (*Marquise* était son prénom, et point du tout un surnom, comme on l'a cru) qui eut l'honneur d'amouracher successivement Molière, Corneille, La Fontaine et Racine... Comme le dit spirituellement mon ami, M. Henri Lavoix, dans sa jolie brochure sur le *Misanthrope* :

Ils n'en mouraient pas tous, mais tous étaient frappés.

C'est dans ce milieu qu'était née Armande. Circonstance atténuante et qui devait plaider bien fort pour elle dans la raison de Molière. C'est dans ce milieu aussi, libre à outrance, où la commune gaieté corrigeait les déboires, que se développa le génie de Molière, et qu'il conçut le plus grand nombre des canevas dont plus tard il tira ses chefs-d'œuvre. Ce ne fut point là, certes, une jeunesse mélancolique, et ni le comédien, ni le philosophe ne purent concevoir alors, ou je me trompe beaucoup, cette haine de l'humanité qu'Alceste devait professer un jour.

Pour me résumer donc, je crois qu'on a exagéré beaucoup, sinon les souffrances intimes de Molière, du moins la quantité qu'il en a laissé passer dans son œuvre. Je crois surtout que c'est un contre-sens de lui attribuer, dans aucun de ses ouvrages et pas plus dans le *Misanthrope* que dans tout autre, l'intention de nous tirer des larmes ; et que c'est un abus de vouloir que nous pleurions sur Molière quand Molière a voulu nous faire rire sur Arnolphe et sur Alceste.

C'est le goût d'aujourd'hui de la critique de ne rechercher dans l'œuvre d'un homme que des peintures de lui-même et de son intérieur. Il y a là vraiment de l'irrespect en même temps que de l'inconséquence. Nous avons affaire à l'observateur le plus profond qu'il ait existé jamais et en même temps, par une chance inouïe, au plus intarissable, au plus verveux, au plus fort des auteurs comiques : cela ne nous arrête pas, et ce que nous voulons trouver dans son œuvre, c'est la clef de sa chambre à coucher, l'écho de son alcôve, et de ses sanglots surtout. Nous voulons qu'il les y ait mis, qu'il ait eu cette préoccupation de nous raconter ses secrets, d'écrire son journal, comme une femme incomprise entrant en feuilleton.

Oh ! que Molière était autrement grand que cela ! Quand il avait la plume à la main, il obéissait à son génie et non à ses passions. Il oubliait tout ce qui n'était pas son art, s'élevait, pour employer un peu sa langue, au-dessus de sa partie sensitive pour se réfugier dans la contemplative, et de là, maître de soi et des hommes, il les peignait au vif, et surtout il riait.

Et cela lui était d'autant plus facile qu'il était un grand acteur en même temps qu'un grand auteur et qu'il avait l'habitude de s'abstraire de lui-même pour entrer dans la peau de personnages parfois très différents de sa propre nature.

C'est ainsi qu'il créait Alceste, comme Arnolphe, comme Orgon, comme M. Jourdain, comme ses dix Sganarelle, comme tant d'autres. Tous sont également vrais et vivants, mais aucun n'est Molière.

Croyez-vous donc qu'il ne vît clair que dans son propre cœur? Non. Cette petite fenêtre que Momus, le mythologique railleur, regrettait que les dieux n'eussent pas pratiquée dans la poitrine de l'homme afin qu'on pût savoir ce qui se passait là, — cette petite fenêtre, Molière l'a ouverte, lui, il y a mis l'œil du maître, et rien ne lui a échappé. Et il s'est beaucoup plus soucié de nous faire rire en jouant ce qu'il a vu chez les autres que de nous montrer ce qui pouvait arriver chez lui.

Je ne dis pas, bien entendu, qu'il n'ait rien tiré de soi. Evidemment un homme comme Molière doit être à lui-même un champ d'études, un document humain très riche et très complet, comme nous disons dans le patois du jour. Mais il ne s'est pas peint en pied; il ne s'est pas incarné dans tel ou tel de ses héros; non pas même dans les sages, les Cléante, les Ariste, les Philinte; et s'il est insensé de se représenter Alceste comme un

Hamlet ou un Timon d'Athènes, il est ridicule
d'y voir un Molière idéalisé, riant d'un rire
amer et, du haut de ses infortunes conjugales,
jetant l'anathème à l'humanité.

Ces choses là ne sont pas du temps. Ni
Corneille, ni Racine ne se sont mis en scène ;
Molière n'y a pas songé davantage. On ne
publiait pas alors de confessions. On était tout
bonnement le fils de son père et point l'enfant
du siècle. Alceste et Desgenais, diantre, c'est
deux... mais pas deux Alcestes ! Molière eût
bien ri de ces révélations de poètes, alléchant
le public avec les soi-disant blessures de leur
cœur, et s'en consolant en mauvais lieu. Il
eût bien vite démêlé le vrai et le faux de ces
romantiques désespoirs et quelque peu défrisé
le toupet fatal d'Antony.

A supposer même qu'il eût trouvé quelque
réalité au fond de tout cela, comme il eût
combattu ces énervantes douleurs, ces sempiternels larmoiements ! En vérité l'homme
aujourd'hui se prend trop au sérieux, René,
Obermann, Byron, Lamartine et Musset l'ont
trop attendri sur lui-même. Il se voit toujours
sur la tête son étoile de dieu tombé, et si on
lui présente de lui un portrait ressemblant, il

se met à pleurer dessus. Nos pères étaient plus mâles que cela. Ils riaient devant leur pourtraicture. Ils étaient de la vieille race française, celle qui raille. *Rire est le propre de l'homme*, avait dit l'ancêtre Rabelais. Et Molière est de la lignée. Sa gaieté est large et vigoureuse, profonde, oui, très profonde, et c'est pourquoi, n'en déplaise à Musset, elle ne provoque point à pleurer, signe de faiblesse, mais à rire aussi, à rire du bon du cœur, ce qui désopile la rate, élargit les côtes, purge les humeurs, nettoie la bile, rafraîchit le sang, dilate et fortifie, et met le cœur sur la main.

Ainsi, Alceste n'est pas Molière; celui qui a dit :

Je veux une vertu qui ne soit point diablesse

ne s'est pas mis en scène sous les traits du rudânier Misanthrope. Alceste est-il donc le portrait, plus ou moins retouché, de quelque autre personnage du temps, de ce M. Montausier, par exemple, que les contemporains croyaient y reconnaître ? Il n'est besoin pour répondre que d'exposer ce qu'était ce seigneur, le propre mari de la plus fameuse, après sa mère Arthénice, de ces tout exquises précieuses dont Molière nous a tracé l'amusant crayon.

Précieux, il l'était quelque peu lui-même, et, à ce point de vue, il serait plutôt Oronte que non pas Alceste. Il ne se contentait pas de faire composer à sa Julie une *Guirlande de madrigaux* célèbres; il en composait aussi, et du même goût. Il eut l'outrecuidance de consoler Corneille de l'insuccès de *Suréna*, en lui représentant que lui-même, M. de Montausier, qui avait fait autrefois d'assez bons vers, ne rimait plus maintenant rien qui vaille, et qu'il fallait laisser cela aux jeunes gens. S'il y a dans l'aveu quelque franchise, ce qui l'apparente avec les façons d'Alceste, il y a aussi, convenons-en, une immodestie qui n'est pas trop dans le caractère de notre héros. M. de Montausier le rappelait par sa rudesse :

« Le ris sur son visage est en mauvaise humeur »

disait de lui Boileau. « Mon gendre est fou à force d'être sage », ajoutait Mme de Rambouillet. Mais cette sagesse allait jusqu'à souffrir, par exemple, que sa femme, la belle et platonique Julie, s'entremît dans les amours de Louis XIV avec Mme de Montespan. Voilà une patience qui jure avec le type. Ajoutez un égoïsme prodigieux, que la fortune encourageait : la chance de M. de Montausier était proverbiale, et ce n'est pas lui qui eût perdu n'importe quel procès. — Décidément ce bel esprit, cet amoureux transi, qui fit treize ans la cour à sa femme, ce courtisan heureux, ce complaisant, — fi! ce n'est pas là Alceste, et Molière a dû bien rire dans sa barbe en recevant l'accolade de ce duc et pair.

Faut-il chercher parmi les seigneurs d'alors quelque autre modèle qu'aurait à son insu fait poser notre auteur? — Molière lui-même va nous répondre dans un de ses feuilletons de théâtre ; car il en a écrit quelques-uns, assez bons à mon gré, ayant sur plus d'un critique, soit dit sans vouloir manquer de respect à personne, cette supériorité notable de savoir de quoi il parlait et de le savoir pour l'avoir appris.

Le feuilleton dont je vais vous citer un passage est extrait de l'*Impromptu de Versailles*.

« Son dessein, dit-il, est de peindre les mœurs sans vouloir toucher aux personnes, et tous les personnages qu'il représente sont des personnages en l'air, et des fantômes proprement, qu'il habille à sa fantaisie, pour réjouir les spectateurs... Si quelque chose était capable de le dégoûter de faire des comédies, c'était les ressemblances qu'on y voulait toujours trouver... Car pourquoi vouloir, je vous prie, appliquer tous ses gestes et toutes ses paroles et chercher à lui faire des affaires en disant hautement : Il joue un tel, lorsque ce sont des choses qui peuvent convenir à cent personnes ? Comme l'affaire de la comédie est de représenter en général tous les défauts des hommes et principalement des hommes de notre siècle, il est impossible à Molière de faire aucun caractère qui ne rencontre quelqu'un dans le monde, et s'il faut qu'on l'accuse d'avoir songé à toutes les personnes où l'on peut trouver les défauts qu'il peint, il faut sans doute qu'il ne fasse plus de comédie. »

Ainsi parlait Molière, s'adressant aux gens qui persistaient à donner des clefs de ses ouvrages, comme à ceux qui voulaient s'y reconnaître eux-mêmes, gens assez nombreux, puisqu'à la représentation d'une pièce où on le satirisait, lui, il devait compter parmi ceux qui applaudissaient, par esprit de vengeance, douze marquis, six précieuses, vingt coquettes et trente cocus.

En définitive, Alceste n'est la copie d'aucun personnage historique ; il est un caractère, un type. On pourrait maintenant rechercher de quelle inspiration est jailli ce type. Y a-t-il eu là une pensée secrète, un dessous politique et social ? C'est ce qui a été examiné dans un livre récent, l'*Enigme d'Alceste*, et l'auteur, qui est un ferme partisan du préjugé qui fait du Misanthrope un personnage tragique, a dépensé beaucoup d'érudition et de dialectique pour démontrer qu'Alceste est un mythe, une incarnation, comme Vichnou ou Rama ; que dans ce xviie siècle, beaucoup trop admiré, plus admiré que connu, après cette horrible Fronde, dont le côté frivole a si longtemps caché le côté funeste, en face du pays épuisé, de la noblesse vendue, de la justice achetée, des mœurs corrompues, des hypocrisies florissantes, Alceste, dit M. du Boulan, l'auteur du livre que je viens de désigner, a été l'expression, mieux que cela, « l'explosion

« de l'honnêteté publique se personnifiant
« dans un janséniste ».

Le jansénisme est visible, assure-t-il, dans le mépris peu déguisé d'Alceste pour la cour ; dans son procès avec cet adversaire aux roulements d'yeux et au ton radouci, lequel rappelle étonnamment ce Pierre Séguier, président de tribunal, dont Armand d'Andilly disait : « C'est Pierrot déguisé en Tartuffe ! » Il y aurait du jansénisme jusque dans la façon dont Alceste critique le sonnet d'Oronte, — dans son aversion pour le style figuré, la pompe fleurie et les faux brillants ; bref, pour la poésie.

Il y a de curieuses remarques et des points de vue intéressants dans la thèse de M. du Boulan. Il me semble pourtant pousser un peu loin les choses, lorsque dans la protestation d'Alceste contre l'arrêt qui le condamne, mais qu'il ne veut point qu'on casse, — dans ce fameux témoignage qu'il veut laisser à la postérité, M. du Boulan veut que nous voyions..... les cahiers des États-Généraux de 89 !

Évidemment il attache trop d'importance aux querelles religieuses, et j'ai peine à le croire lorsqu'il nous assure, par exemple, que l'intérêt dramatique de *Polyeucte* gisait pour les contemporains dans l'antithèse entre le molinisme et le jansénisme, autrement dit entre la doctrine du libre-arbitre et la thèse de la grâce irrésistible. En fait de grâce irrésistible, je ne vois dans *Polyeucte* que celle de Pauline, comme dans le *Misanthrope* que celle de Célimène.

Non, dans cette façon d'envisager Alceste, il y a encore pour moi exagération, illusion, presque naïveté. Je ne crois guère aux indignations politiques de Molière. Il vivait trop dans le rayonnement du Roi-Soleil pour en observer les taches. Il était sincère dans son amitié pour le roi qui, ne l'oublions pas, autorisait *Tartuffe;* et sa reconnaissance pour le roi l'entraînait fort probablement jusqu'à l'admiration de la royauté. Sa grande affaire, il nous le disait tout à l'heure, c'était de peindre les défauts des hommes; et il les prenait où il les trouvait, chez les marquis ou chez les bourgeois, dans le salon de Célimène, ou sous la hutte du fagotier, ne se doutant pas le moins du monde qu'il remplit une mission sociale et qu'il écrivît une préface pour le

Philinte de Fabre d'Eglantine et pour la Révolution française.

Il faut voir les choses à leur plan et les grands hommes comme ils sont. Un siècle plus tôt, Molière se fut appelé Rabelais, un siècle plus tard, Voltaire ; alors il eut été un réformateur, parce qu'il eût vécu dans un temps de réforme et de combat ; au xvııe siècle, dans un temps où l'organisation sociale semblait achevée et quasi parfaite, il fut Molière, le contemplateur ; rien de plus. Et je pense que tout le monde trouvera avec moi que cela était assez beau et assez grand !

« Peindre les hommes », tel était donc le but de Molière ; les peindre dans leurs défauts surtout, puisque tel est le domaine essentiel de la comédie. Pour faire la satire de la société, quel meilleur choix que celui du *Misanthrope* et quel coup de génie de lui avoir adjoint la médisante ! Qui pourra se vanter de leur échapper ? Si, par impossible, Alceste faisait grâce à quelqu'un, Célimène, elle, ne manque personne. Toute la cour y passera : car c'est surtout la cour, le grand monde, dirait-on aujourd'hui, que Molière a joué dans cette pièce : c'est la seule de lui dont tous les personnages soient des courtisans. La langue même, soit dit en passant, s'en est un peu ressentie : elle n'a point la saveur de celle de l'*École des Femmes*, ni la liberté de celle de *Tartuffe*; elle a subi cette espèce de raréfaction que la langue subit dans les hautes sphères ; on y sent de la raideur du grand siècle. Inutile de dire que ce n'est pas là une critique, il s'en faut. Molière a toujours cru qu'il devait conformer son style à la nature de son œuvre et à l'état de ses personnages. Il n'a pas fait parler à ses seigneurs la riche et simple langue bourgeoise d'Arnolphe ou d'Orgon. Il change de lexique à chaque pièce. Comparez la grande et large allure du vers des *Femmes savantes* avec l'adorable bijouterie d'*Amphytrion*, la manière grasse et hardie du *Médecin malgré lui* et la façon cavalière et quasi espagnole de l'*Amour peintre!* — Mais je reviens à mon sujet.

La leçon que Molière s'est proposé de donner dans son chef-d'œuvre, nous la chercherons tout à l'heure : mais il paraît évident, tout d'abord, qu'il a voulu y peindre la société,

disons même la bonne société : et son génie
d'auteur comique l'a tout naturellement porté
à jeter dans cette société, pour en mettre en
relief les côtés bons ou mauvais, l'homme le
moins capable d'y vivre; ce caractère insociable, c'est Alceste.

J'ai vu quelque part au *Misanthrope* ce sous-titre : *l'Amoureux atrabilaire*. Eh bien ! cela
ne peint pas mal notre homme. Amoureux,
il l'est en effet, sincèrement et profondément;
mais comment cet amour s'exprime-t-il? Par
boutades et par bourrades : « *Madame, voulez-vous que je vous parle net? De vos façons d'agir
je suis mal satisfait. Tôt ou tard nous romprons
indubitablement. C'est pour mes péchés que je
vous aime ! Je voudrais ne pas vous aimer.* » Et
des fureurs! et des injures! On n'a jamais vu
d'amant si rébarbatif. Mais ce qu'il est en
amour, il l'est en toute autre chose; et c'est
ce qu'il faudrait que le sous-titre ajoutât pour
être complet. C'est, si l'on veut, la plus haute
vertu qui soit : mais c'est bien le plus intraitable caractère! D'une mauvaise humeur constante. Emporté pour une bagatelle. Mettant
sur le même pied le plus innocent travers et
le vice le plus décidé. Tournant tout à mal et

tempêtant à tort et à travers, « *Moi, je veux me fâcher et ne veux point entendre.* » Et de fait, c'est un bâton épineux ; on ne sait par quel bout le prendre. Qu'on dise blanc, qu'on dise noir : il contredit. « ... *Ses vrais sentiments sont combattus par lui, aussitôt qu'il les voit dans la bouche d'autrui.* » Il veut un grand mal à la nature humaine, mais il la souhaiterait volontiers pire encore, afin de donner plus large carrière à son humeur. Pour un compliment, pour un sonnet, il vous envoie à la hart, ou ailleurs. Il n'a aucune mesure, par conséquent aucune justice. Il veut réformer le monde, comme il veut corriger Célimène, en lui jetant en face les plus énormes sottises ; et il est tout surpris de l'effet que cela produit ; et pour apprendre à vivre au genre humain, il lui rompt en visière, il le prive de son agréable présence, il fuit au désert, et ce désert, il fait à Célimène cette grâce de ne le vouloir partager qu'avec elle, comptant sans doute, pour lui en adoucir les duretés, sur le charme de ses relations et sur les oignons crus de la Thébaïde. Bref, il est armé de toutes les vertus, mais comme le hérisson est armé de ses pointes, et que n'importe qui l'approche, il se met toujours en boule. Ce même homme qui exige du genre humain, de ce pauvre genre humain que nous sommes, toutes les perfections, tous les renoncements, ne fait pas à autrui la moindre charité : il veut qu'on le souffre, et ne souffre rien à personne. C'est cette disproportion entre l'offre et la demande qui fait de lui ce qu'on appelait du temps de Molière un *Ridicule*, ce qu'on appelle aujourd'hui un personnage comique. « Partout où il va il donne la comédie », lui dit Philinte; et il a beau répondre :

Tant mieux ! morbleu ! tant mieux, c'est ce que je demande,
Tous les hommes me sont à tel point odieux,
Que je serais fâché d'être sage à leurs yeux,

cela ne l'empêche pas de s'écrier plus loin, dès qu'il entend rire :

Par la sambleu, messieurs, je ne croyais pas être
Si plaisant que je suis !...

Il faut pourtant bien qu'il le sache : il est plaisant ; ses *morbleu*, ses *têtebleu*, ses *palsambleu*, ses froncements de sourcils et ses éclats de voix ne le rendent pas terrible le moins du monde ; nous savons très bien qu'avec tout cela, Célimène retournera le hérisson comme un gant, et nous rions. Et pour en revenir à mon commencement, il est un personnage comique, ainsi que le jouait Molé, qui était dans la tradition de Molière, ainsi qu'on devrait toujours le jouer.

Mais, s'écriera-t-on, il a raison pourtant! Il a raison quand il veut qu'on soit sincère, quand il veut qu'on soit homme d'honneur, quand il veut qu'on fasse les vers bons, quand il veut que la justice soit juste et que les femmes nous aiment pour notre âme et non pour notre manière de nous faire les ongles ou la coupe de nos vêtements. Hé! sans doute. Nous devrions être parfaits, à condition de ne pas lui ressembler toutefois; nous ne le sommes pas, et nous avons tort, et il a raison. Mais jusqu'où? Pendant combien de temps? A peine a-t-il dit une vérité qu'il se hâte d'enfiler vingt folies. Il a toujours raison quand il commence, et tort quand il finit. Pourquoi? c'est que son caractère le porte invinciblement à embrunir tout, à exagérer tout : et l'exagération du vrai, c'est déjà le faux.

Voyons-le dans sa première scène. Certes, il est dans le vrai, dans sa querelle avec Philinte, lorsqu'il déclare qu'il ne peut souffrir qu'on traite du même air l'honnête homme et le fat; et qu'il demande quel avantage on a

> ... qu'un homme vous caresse,
> Vous jure amitié, foi, zèle, estime, tendresse,
> Et vous fasse de vous un éloge éclatant
> Lorsqu'au premier faquin il court en faire autant?

Mais ne trouvez-vous pas qu'il va un peu loin quand il veut supprimer net

> ... les dehors civils que l'usage demande;

c'est-à-dire bannir toute urbanité et ne se parler plus entre hommes qu'à coup de mâchoire? Faut-il, comme il le prétend, n'épargner personne, dire à Dorilas qu'il nous importune avec sa bravoure et l'éclat de sa race, — à la vieille Émilie que le blanc qu'elle a nous scandalise; — bref, nous reprocher brutalement en face nos défauts ou nos ridicules? Hé! que deviendrait à ce compte la vie de relation, c'est-à-dire, en somme, la vie humaine? — Puis, si nous nous arrogeons le droit de reprendre autrui, la conséquence rigoureuse sera que nous confessions publiquement nous-mêmes nos travers et nos vices. Y sommes-nous prêts? — Et si nous ne pouvons consentir à cet excès de franchise, sommes-nous prêts du moins à nous les entendre jeter au nez sans nous fâcher? Alceste lui-même, cet intransigeant de la franchise, entend-il de cette oreille? Vous n'avez qu'à voir quel bel accueil il fait aux observations de Philinte. Et cela est naturel. Si mes défauts ne vous sont pas dommageables, pourquoi voulez-vous me les ôter? Ils me sont chers, à moi, mes défauts ; ils me rendent heureux ; ils sont moi-même ; je vous laisse jouir des vôtres, laissez-moi jouir des miens. Au diable le moraliste! qu'il s'enferme à la Trappe ; car de l'envoyer convertir les sauvages, il n'y a pas de raison : les sauvages mêmes ne le supporteraient pas. — Non, décidément, puisque les hommes ne sont pas parfaits et ne peuvent le devenir, le plus sage est encore de les *prendre tout doucement comme ils sont;* et le flegme aimable de Philinte est plus philosophe que l'éternelle bile d'Alceste.

A-t-il raison contre Oronte? — Qu'Oronte soit un fat qui cherche un compliment, j'en tombe d'accord. Sur ce point là, il mérite une leçon. On la lui donne, c'est pain bénit. Mais, encore une fois, la leçon va trop loin. On ne dit pas à un poète, ne fût-il qu'homme du monde, — je veux dire ne fût-il poète que par accident, par manière, — « Monsieur, votre sonnet est bon à mettre au cabinet. » On m'objecte que le cabinet qu'entend là Molière, est le petit meuble à tiroirs qui porte encore ce nom et qu'Alceste veut simplement inviter son homme à y serrer précieusement son ouvrage. Je ne crois pas beaucoup cela. Alceste n'a guère de ces délicatesses. Il n'est pas de bonne humeur, il vient de souhaiter à Oronte une chute à se casser le nez, il manque parfaitement d'usage, et d'autre part Molière n'est pas homme à reculer devant un mot : il en a fait sonner bien d'autres. C'est donc bel et bien une trivialité voulue qu'il met dans la bouche du Misanthrope et elle lui va tout autant que ses *morbleu* et ses *sambleu*, qui ne sont pas non plus une habitude bien relevée.

C'est sa manière à lui de faire de la critique littéraire. Il exprime son avis sur le sonnet d'Oronte, il dit à quoi il le trouve bon. « *C'est ainsi que parle la nature.* » Avouez qu'avec tout le naturel de ce langage, Oronte n'a pas absolument tort de se formaliser.

Si j'accueillais de cette manière les poètes qui me font l'honneur de me consulter sur leurs ouvrages, je me considérerais comme un grand malotru. Cependant je n'en lis pas que de bons. Mais quoi! bons ou mauvais, il y a toujours dedans une pensée, un labeur, une espérance. Toute espérance mérite du ménagement, tout labeur mérite du respect; et une pensée vaut bien une politesse. Je tâche donc à me faire comprendre, sans blesser ni mon homme, ni la vérité. Je reprends sans aigreur, je ne tranche pas de l'infaillible; je puis dire que des vers sont mauvais, je n'ajoute pas qu'un homme est pendable après les avoir faits; l'estomac des poètes est délicat, je leur sucre la médecine. Je leur fais le moins de peine possible. Après cela, s'ils m'en veulent, j'en suis tout consolé d'avance.

Et puis, il faut être prudent. Il y a de mauvais vers que le temps a rendu bons. Qui ne se rappelle les plaisanteries dont on salua ceux de *Hernani*? Combien d'années n'a-t-on pas reproché à Hugo, ce grand harmoniste, la dureté prétendue de ses vers? Quel génie a trouvé grâce devant ce qu'on appelle le goût? Et cependant le génie reste, et le goût change, et nous n'en raisonnons pas comme Voltaire, qui n'en raisonnait déjà plus comme Boileau. Le sonnet d'Oronte est dans un goût précieux qui fut fort à la mode pendant plus d'un siècle : les Espagnols n'écrivaient pas autrement, les Italiens raffolaient de ce bel esprit, et vous savez si Shakespeare en est plein. Au fond, et si on la dégage du jeu de mots qui l'enveloppe, la pensée finale du sonnet est très juste; Oronte l'a habillée à la manière du temps, voilà tout. Oui, parbleu, en amour, l'espérance, et puis l'espérance, et toujours l'espérance, et rien que l'espérance, c'est désespérant ! Et la preuve, c'est qu'Alceste lui-même, à qui Célimène en a beaucoup donné, sans donner rien davantage, est exaspéré et lui va faire une scène tout à l'heure ! L'espérance, belle affaire ! Et qui m'assurera que vous n'en donnez pas à tout le monde ? C'est votre métier de coquette, cela ! Ce n'est pas la peine de vous mettre en frais pour ne me donner que l'espérance ! *Un cœur bien atteint veut qu'on soit toute à lui !* C'est trop d'amusement, il faut s'expliquer ! Et si Célimène persiste à se taire, Alceste aime mieux prendre son silence pour un refus, c'est-à-dire pour un coup de poignard, — que de continuer à se repaître d'espérance.

A mes risques et périls donc, je ne trouve pas le sonnet d'Oronte si détestable que le prétend Alceste. Et j'ai le courage d'avouer que je ne partage pas non plus son enthousiasme pour la chanson de *ma mie*. C'est simple, c'est naïf, c'est naturel ; c'est de la poésie du temps où les rois épousaient des bergères; mais que diable ! Henri IV troquant Paris contre Jeanneton, et Jean ou Jeannot préférant sa mie, ô gué, il faut être Alceste pour proposer cela comme modèle au siècle de Racine et de Corneille, et voir là le langage de la passion toute pure. Quand il parle de sa *flamme*, lui, c'est dans un autre style, quoiqu'il en die ; et ce n'est pas sur cet air là qu'il exprime à Célimène

... l'excès prodigieux
De ce fatal amour né de ses traîtres yeux !

Voilà pour Alceste considéré comme critique littéraire. Point de mesure, donc point de goût. En condamnant le style figuré, il détruit toute poésie. Cela s'ensuit admirablement de son caractère, ennemi de toute fiction : mais pour être logique, il n'en devient pas plus sensé.

A-t-il raison maintenant contre ses juges ? —

La question, là, devient plus sérieuse. Examinons. — D'abord, son adversaire ! Alceste va nous le faire connaître en des vers admirables :

Au travers de son masque on voit à plein le traître,
Partout il est connu pour tout ce qu'il peut être
Et ses roulements d'yeux et son ton radouci
N'imposent qu'à des gens qui ne sont point d'ici.
On sait que ce pied plat, digne qu'on le confonde,
Par de sales emplois s'est poussé dans le monde.
Et que par eux son sort de splendeur revêtu
Fait gronder le mérite et rougir la vertu...
Cependant sa grimace est partout bien venue
On l'accueille, on lui rit, partout il s'insinue,
Et s'il est par la brigue un rang à disputer
Sur le plus honnête homme on le voit l'emporter.

Ou je me trompe fort, ou ce personnage, louche et glissant, flaire à plein nez la confrérie. Et par un nouveau coup de son génie, Molière a donné pour adversaire à son Alceste, qui ? Tartuffe lui-même.

Oh ! comme je comprends qu'il ait peine à gagner son procès ! Comment la magistrature, — la magistrature d'alors, bien entendu, — pourrait-elle donner tort à Tartuffe !

De ces robins du bon vieux temps, Racine nous a laissé dans les *Plaideurs* un croquis à la manière de Callot, où l'on ne laisse pas d'entrevoir des choses assez significatives et peu à la louange de Thémis. — La Justice, dit un couplet contemporain :

> La justice a la balance
> Non pas comme chacun pense
> Pour juger selon les lois,
> Mais afin de voir en somme
> Si les écus du bonhomme
> Sont légers ou sont de poids.

Et en deux mots, Saint-Simon nous peint le juge :

« Dès qu'il apercevait un intérêt ou une faveur à ménager, aussitôt il était vendu. »

Sans doute il y eut de glorieuses exceptions, et certains magistrats méritèrent leur renom de vertu. Mais dans l'ensemble, le corps était singulièrement corruptible, sinon corrompu ; et bien que Boileau en ait fort adouci les traits, les sanglantes satires de Rabelais et de d'Aubigné contre les Chats-fourrés et les Grippeminauds, n'avaient guère perdu de leur vérité cruelle. — Achetant leurs charges, se les transmettant de père en fils ; formant dans l'État un état tout nourri d'abus gothiques et de traditions romaines, parfaitement étrangères au génie de la nation ; ayant par conséquent toute nouveauté en horreur et tout mouvement en détestation ; s'arrogeant vis-à-vis du pouvoir un droit de remontrance qu'ils n'exerçaient d'ailleurs, fort prudemment, que quand le pouvoir était faible ; alliés politiquement à leur bonne sœur l'Église, afin de partager, eux, gardiens des lois humaines, l'inviolabilité que confère aux prêtres la loi divine, de confondre ainsi deux choses distinctes, et de gouverner, eux aussi, en se rendant sacrés ; — voilà en quelques lignes les magistrats comme je les vois, les magistrats du temps de Molière, je le répète ; car, ainsi qu'on sait, nous avons changé tout cela.

Il est donc, hélas ! bien explicable qu'Alceste ait perdu sa cause ; il ne pouvait pas la gagner ; eût-il fait même les démarches que lui conseille Philinte et qui étaient d'usage, visites, sollicitations, présents, quartauts de vin muscat, comme dans les *Plaideurs*, tout cela n'eût fait que blanchir, il fût resté sur le carreau. Il a donc raison cette fois ; et encore que sa colère le démonte, comme d'habitude, et lui fasse dire à Philinte, quand Philinte lui conseille d'aller en appel : « Non... »

Quelque sensible tort qu'un tel arrêt me fasse,
Je me garderai bien de vouloir qu'on le casse.
Ce sont vingt mille francs qu'il m'en pourra coûter,
Mais pour vingt mille francs j'aurai droit de pester
Contre l'iniquité de la nature humaine
Et de nourrir pour elle une immortelle haine !

Encore, dis-je, qu'il verse là dans ses exagérations accoutumées et rende même l'indignation comique, — n'importe, la cause est juste, l'indignation est de bon aloi, non contre la nature humaine, mais contre Tartuffe, Grippeminaud et Brid'Oison, — trop heureux, comme je le disais tout à l'heure, que nous n'ayons plus aujourd'hui affaire à ces Messieurs et soulagé de penser que si Alceste revenait au monde, il gagnerait infailliblement son procès.

Mais est-il aussi pleinement dans son droit contre Célimène ? Voilà encore un procès à plaider. J'en ai déjà touché un mot ; mais il faut y revenir.

Célimène... mon Dieu! je sais bien ce qu'on peut dire contre elle et je ne prétends pas la réhabiliter, pas plus que je n'ai entendu réhabiliter Armande Béjart, femme Guérin. Oui, Célimène est coquette, et, qui pis est, coquette à froid; elle est fausse comme la mer; elle est médisante; elle est..., je ne finirais pas. Mais que voulez-vous?... avec tout cela, quoique je puisse faire,

Je confesse mon faible, elle a l'art de me plaire. Sa grâce est la plus forte...

Et je vais plus loin qu'Alceste, qui ne doutait pas de la corriger de ces vices du temps,— qui sont restés ceux du nôtre; — je crois que Célimène ne se corrigera jamais, j'en prends mon parti en brave, je l'aime comme cela, je me sens même si corrompu que je crois que je l'aime à cause de cela et que je ne voudrais pas du tout qu'elle se corrigeât.

Ah! c'est que ces défauts terribles sont précisément la condition de sa grâce. C'est qu'ils sont ceux de son âge, c'est-à-dire de la vingtième année, et que ce n'est pas le temps d'être prude à vingt ans; et ceux de son milieu, c'est-à-dire de son salon, de ce salon où l'on cause si bien, et où l'on s'ennuierait tant sans sa jolie façon de dire et de médire. C'est qu'elle ne les aurait pas si elle n'était belle, si elle n'avait pas tant d'esprit. Elle a tellement raison contre ce Tartuffe femelle, Arsinoé; elle la remet si admirablement à sa place, que je n'ai pas le courage de la condamner, quand c'est Alceste même qu'elle ramène au devoir, c'est-à-dire à ses genoux. Eh! mon Dieu! Elle est franche à sa manière. Elle ne cache pas plus son humeur que son visage. C'est à vous de prendre garde. Elle est coquette, parce qu'elle est femme; vous êtes homme, défendez-vous!

Comment se défend Alceste? Vous le savez. Ce n'est qu'en mots fâcheux qu'éclate son ardeur.

Il accuse, il injurie, il querelle; il arrive chez elle armé en guerre, il ne vient pas lui faire sa cour, il vient la corriger; ce n'est pas son amant, dirait une Marton d'aujourd'hui, c'est son type.

Avec cela, il s'impose. Si on l'écoutait, il faudrait ne recevoir personne, il est jaloux de tout l'univers; Clitandre est un homme à ménager, Célimène a besoin de lui pour son procès, car elle a un procès aussi (oh! elle le gagnera, elle!), Alceste ne s'en soucie point et s'écrie, le naïf :

Perdez votre procès, madame, avec constance
Et ne ménagez pas un rival qui m'offense !

Puis, il tranche du maître, comme si Célimène lui eut donné des droits, il lui fait des scènes devant le monde, il s'attaque à ses hôtes :

Sortez quand vous voudrez, messieurs, mais j'avertis
Que je ne sors qu'après que vous serez sortis !
C'est pour rire, je crois ? (*dit Célimène*)
— Non, en aucune sorte ;
Nous verrons si c'est moi que vous voudrez qui sorte.

Et il reste, on est prévenu ; et tant que durera le jour, on aura là ce témoin renfrogné, roulant des yeux, s'échappant en incartades, grommelant quand on fait un compliment à celle qu'il aime :

... Je bannirais, moi, tous ces lâches amants !

toujours prêt à ruer, en un mot ; vraiment si c'est ainsi qu'il est avant l'hymen, qu'est-ce que ce sera donc après ! Pour moi, je le confesse, si Célimène voulait réellement qu'il sortît, et qu'elle prît pour cela un bâton ou un balai, je n'éprouverais aucune fausse honte à me trouver du côté du manche !

Il faut le prendre en pitié, dit-on. Il aime, il est malheureux. D'accord ; mais lui-même est pour beaucoup dans son malheur. Molière ne veut pas que nous l'oubliions, et pas plus qu'il n'entend nous faire pleurer quand il jette Arnolphe aux pieds d'Agnès, il ne veut nous indigner ni nous gonfler le cœur de pitié, lorsqu'au quatrième acte il met Alceste et Célimène aux prises. La scène est belle, elle est profonde, disons tout, elle est sublime ; mais c'est une scène de comédie. Si Alceste pouvait l'oublier, Célimène le lui rappellerait bien vite. Pas une de ses réponses ne sort de la mesure ; elle garde toute sa tête, tout son sourire. Elle joue : elle n'a pas peur le moins du monde, et c'est elle qui mène la scène, et non lui. C'est donc pur contre-sens de la pousser au drame et de donner à Alceste les amertumes tragiques, les fureurs jalouses d'Othello, souffletant Desdémone ou la payant comme une fille avant de l'étouffer. Non. Il faut montrer Alceste arrivant, la tête perdue, criant comme un brûlé, se jetant à la tête d'Eliante, jurant que c'en est fait, que tout est rompu; — « Madame, vengez-moi, recevez mon cœur, il n'y a que vous, vous allez voir comme je vais vous aimer, attendez un peu, la voici, le temps de la confondre et je suis à vous pour la vie ! » Puis, seul avec Célimène, si exaspéré qu'il ne peut parler, qu'un peu plus il la battrait.

O ciel! de mes transports puis-je être ici le maître?

CÉLIMÈNE *à part :*

Ouais !

Est-ce que ce *Ouais*, si admirablement simple et significatif, ce tout petit *ouais* n'est pas la clef de la scène ? Ce *ouais*, ne vous met-il pas en garde ? Est-ce un mot de drame, ce *ouais*, ou bien de comédie ? « *Ouais !* notre homme est aux champs, il se passe quelque chose, je vais avoir une scène épouvantable; voyons un peu ! » Et là-dessus, paisible, gracieusement ironique ; eh mon Dieu !

...quel est donc le trouble où je vous vois paraître?
Et que me veulent dire, et ces soupirs poussés,
Et ces sombres regards que sur moi vous lancez?

Hein ? quoi ! sursaute Alceste. Elle ose me parler ! Elle a le front de venir à moi, tranquillement, le sourire aux lèvres, quand j'ai dans ma poche une lettre qu'elle a écrite à un autre, à Oronte, à un homme qui fait des sonnets, et elle ne rougit pas de me demander ce que ça veut dire ? — Ce que ça veut dire, morbleu !

Que toutes les horreurs dont une âme est capable,
A vos déloyautés n'ont rien de comparable,
Que le sort, les démons et le ciel en courroux
N'ont jamais rien produit de si méchant que vous.

Voilà : vous ne m'aimez pas, donc vous avez tué père et mère, vous êtes un abrégé de l'enfer, un monstre !

CÉLIMÈNE, *habituée d'ailleurs à ce langage :*

Voilà certainement des douceurs que j'admire.

ALCESTE

Ah ! ne plaisantez point, il n'est pas temps de rire,
Rougissez bien plutôt,

Mais rougissez donc !

vous en avez raison
Et j'ai de sûrs témoins de votre trahison,

là, dans ma poche. Ah ! ah ! cela vous surprend ? cela devait arriver pourtant...

Voilà ce que marquaient les troubles de mon âme,
Ce n'était pas en vain que s'alarmait ma flamme,

ce n'est pas étonnant si j'étais si désagréable, si contredisant, si grincheux :

Par ces fréquents soupçons qu'on trouvait odieux,
Je cherchais le malheur qu'ont rencontré mes yeux,
Et malgré tous vos soins et votre adresse à feindre,
Mon astre me disait ce que j'avais à craindre !

je sentais cela, quoi, j'étais prédestiné ! Ah ! mais ne croyez pas que cela se passe ainsi :

Mais ne présumez pas que sans être vengé
Je souffre le dépit de me voir outragé !
Je sais que sur les vœux on n'a point de puissance,
Que l'amour veut partout naître sans dépendance,
Que jamais par la force on n'entra dans un cœur,
Et que toute âme est libre à nommer son vainqueur.
Aussi ne trouverai-je aucun sujet de plainte
Si pour moi votre cœur avait parlé sans feinte,
Et rejetant mes vœux dès le premier abord,
Mon cœur n'aurait eu droit de s'en prendre qu'au sort,
Mais d'un aveu trompeur voir ma flamme applaudie,

avoir été trouvé aimable un jour,

C'est une trahison, c'est une perfidie,

Qui ne saurait trouver de trop grands châtiments,
Et je puis tout permettre à mes ressentiments.

Oui, oui, je perds la tête, prenez garde à moi !

..... redoutez tout après un tel outrage,
Je ne suis plus à moi, je suis tout à la rage.
Percé du coup mortel dont vous m'assassinez,
Mes sens par la raison ne sont plus gouvernés ;
Je cède aux mouvements d'une juste colère,
Et je ne réponds pas de ce que je puis faire...

Eh bien ! mais, dit Célimène, est-ce que vous allez m'étrangler ?

D'où vient donc, je vous prie, un tel emportement?

Oubliez-vous que vous parlez à une femme ?

... avez-vous perdu le jugement ?

Première douche. Alceste avoue, en effet,

Oui, oui, je l'ai perdu...

mais c'est votre faute, c'est

...: lorsque dans votre vue
J'ai pris pour mon malheur le poison qui me tue
Et que j'ai cru trouver quelque sincérité
Dans les traîtres appas dont je fus enchanté.

CÉLIMÈNE, *qui veut qu'il s'explique:*

De quelle trahison pouvez-vous donc vous plaindre?

ALCESTE

Ah! que ce cœur est double et sait bien l'art de feindre,
Mais

Attendez, je vais vous terrasser !

pour le mettre à bout, j'ai des moyens tout prêts.

Étalant triomphalement la lettre à Oronte :

Jetez ici les yeux et connaissez vos traits,

votre écriture, perfide,

Ce billet découvert suffit pour vous confondre,
Et contre ce témoin on n'a rien à répondre.

CÉLIMÈNE, *dédaigneuse* :

Voilà donc le sujet qui vous trouble l'esprit!

C'est cela? C'est pour cela que vous vouliez me dévorer ? Ah ! mon pauvre ami!

ALCESTE, *grondant* :

Vous ne rougissez pas en voyant cet écrit ?

CÉLIMÈNE, *naïvement :*

Et par quelle raison faut-il que je rougisse?

ALCESTE, *stupéfait :*

Quoi! vous joignez ici l'audace à l'artifice?

Mais qu'est-ce que vous pouvez dire? Allez-vous renier votre écriture? Ce billet...

Le désavouerez-vous pour n'avoir point de seing?

— Aurez-vous cette impudence?
— Oh! que pas si sotte, repart Célimène, je vous en ai écrit de pareils, point signés non plus, vous avez confronté; renier celui-ci, ce serait renier les autres, point du tout :

Pourquoi désavouer un billet de ma main?

ALCESTE. *qui se déconcerte et suffoque :*

Et vous pouvez le voir sans demeurer confuse
Du crime dont vers moi son style vous accuse?

car ce n'est rien moins que cela ; me tromper, moi, c'est un forfait abominable !

CÉLIMÈNE, *souriant :*

Vous êtes, sans mentir, un grand extravagant! —

Douche sur douche. Alceste ne sait où il en est. Qu'est-ce que cela signifie ? Extravagant, lui ? Est-ce qu'il n'a pas ce billet à la main ? Est-ce qu'il ne sait pas lire ? Est-ce que ce billet ne respire pas la tendresse pour un autre ? Et quel autre !

Quoi ! vous bravez ainsi ce témoin convaincant,
Et ce qu'il m'a fait voir de douceur pour Oronte,
N'a donc rien qui m'outrage et qui me fasse honte?

Voyons : faut-il, pour ne pas extravaguer, que je sois ravi que vous écriviez ces sucreries-là à un Oronte !

— Oronte ! interrompt Célimène avec le plus parfait accent de surprise, Oronte ! quelle idée !

... qui vous dit que la lettre est pour lui?

Voilà notre homme abasourdi. Pas de suscription en effet. Célimène a le tort d'écrire, — il ne faut pas écrire ! — mais en femme de tête, elle prend ses précautions ; elle ne signe pas; et elle ne nomme pas. Après cela, que la justice informe ! — Qui donc vous a nommé Oronte ? Alceste baisse le nez; il n'ose avouer que lui, le galant homme, il a accepté ce

billet de la main d'une femme, d'une rivale,
d'une Arsinoé, qui lui offrait en même temps

..... de quoi le consoler

Il biaise, il ne fait qu'une demi-réponse —
Qui me l'a dit ?

Les gens qui dans mes mains l'ont remise aujourd'hui.
Mais je veux consentir qu'elle soit pour un autre,

passons là-dessus, laissons ce poète.

Mon cœur en a-t-il moins à se plaindre du vôtre?
En serez-vous vers moi moins coupable en effet?

Alors, Célimène hardiment :

Mais si c'est une femme à qui va ce billet,
En quoi vous blesse-t-il et qu'a-t-il de coupable?

ALCESTE, ébloui :

Ah! le détour est bon, et l'excuse admirable.
Je ne m'attendais pas, je l'avoue, à ce trait,
Et me voilà par là convaincu tout à fait.
Osez-vous recourir à ces ruses grossières?
Et croyez-vous les gens si privés de lumières?

Vous me prenez donc pour un imbécile ! Vous

vous figurez donc que je vais vous croire ? Eh
bien !

Voyons, voyons un peu par quel biais, de quel air
Vous voulez soutenir un mensonge si clair
Et comment vous pourrez tourner pour une femme
Tous les mots d'un billet qui montre tant de flamme.
Ajustez, pour couvrir un manquement de foi,
Ce que je m'en vais lire...

CÉLIMÈNE

Il ne me plaît pas, moi.

C'est ici, c'est par ce mot que tourne la scène. Jusqu'à présent, Célimène a rompu ; elle paraît, maintenant, elle attaque. C'est le moment en effet : l'ennemi a baissé de ton. De la colère il est passé à l'ironie. Suprême ressource des courages faiblissants ! Un homme, qui une heure après qu'il a menacé de tout exterminer, n'a encore rien tué, et, avec une telle preuve à la main, réclame encore des explications, quelque ton qu'il emploie pour les obtenir, ne demande qu'à être convaincu. Célimène sent la victoire dans ses mains, et elle se prépare à en abuser. Plus Alceste l'aura pris de haut, plus elle se donnera le plaisir de le faire descendre. Et tout d'abord, cette explication qu'il lui faut pour couvrir honnêtement sa retraite, elle la refuse :

... Il ne me plaît pas, moi !
Je vous trouve plaisant d'user d'un tel empire
Et de me dire au nez ce que vous m'osez dire.

ALCESTE, *insistant et d'un ton radouci :*

Non, non, sans s'emporter...

sans s'emporter ! Oh ! le beau mot dans la bouche d'Alceste ! C'est Célimène qui est en courroux, c'est Alceste qui demande qu'elle se calme !

... sans s'emporter, prenez un peu souci
De me justifier les termes que voici.

CÉLIMÈNE

Non, je n'en veux rien faire, et dans cette occurrence,
Tout ce que vous croirez m'est de peu d'importance.

ALCESTE

De grâce....

Le voilà qui prie :

... montrez-moi, je serai satisfait,
je vous croirai, je vous le promets, je vous

crois déjà avant que vous ayez parlé; montrez-moi

Qu'on peut pour une femme expliquer ce billet.

   CÉLIMÈNE *l'achevant tout net :*

Non, il est pour Oronte, et je veux qu'on le croie.
Je reçois tous ses soins avec beaucoup de joie,
J'admire ce qu'il dit,

j'admire ses vers, entendez-vous ?

       j'estime ce qu'il est
Et je tombe d'accord de tout ce qu'il vous plaît.
Faites, prenez parti, que rien ne vous arrête
Et ne me rompez pas davantage la tête !

Voilà le jaloux proprement mis en demeure.
— Soit, je ne vous aime pas ; vous ne voulez plus m'aimer ; cela va le mieux du monde : partez donc. — Il reste pourtant; le voici qui monologue, qui, comme Sganarelle, s'insulte pour se donner du courage :

Ciel ! rien de plus cruel peut-il être inventé
Et jamais cœur fut-il de la sorte traité !
Quoi ! d'un juste courroux je suis ému contre elle,
C'est moi qui me viens plaindre et c'est moi qu'on querelle !
On pousse ma douleur et mes soupçons à bout,
On me laisse tout croire, on fait gloire de tout,
Et cependant mon cœur est encore assez lâche,

Oui, cœur lâche, vrai *cœur de poule,*

Pour ne pouvoir briser la chaîne qui l'attache
Et pour ne pas s'armer d'un généreux mépris
Contre l'ingrat objet dont il est trop épris !

Eh ! bien, non ! décidément il ne peut pas, elle est la plus forte, l'ingrate, il faut qu'il le confesse, et naturellement, c'est en l'injuriant encore, comme il vient de s'injurier lui-même :

Ah ! que vous savez bien ici contre moi-même,
Perfide, vous servir de ma faiblesse extrême,
Et ménager pour vous l'excès prodigieux
De ce fatal amour né de vos traîtres yeux !

Et alors, enrageant, mais capitulant, et, dans un dernier retour, mêlant à la soumission de l'amant trompé qui avale la pilule l'amour-propre d'un homme qui voudrait bien au moins qu'on la lui dorât un peu, il la supplie, cette femme qu'il apostrophait si terriblement tout à l'heure, d'avoir au moins l'air de se défendre, de feindre au moins de l'aimer, et lui, l'intraitable et l'intransigeant, il va jusqu'à lui demander la charité de mentir pour qu'au moins il puisse faire semblant de la croire...

Défendez-vous au moins d'un crime qui m'accable,
Et cessez d'affecter d'être envers moi coupable.

Rendez-moi, s'il se peut, ce billet innocent;
A vous prêter les mains ma tendresse consent...

Il fermera les yeux sur Oronte!

Efforcez-vous ici de paraître fidèle
Et je m'efforcerai, moi, de vous croire telle!

Oh! que nous voilà loin du héros qu'on rêve en Alceste! A quoi ne descend-il pas là, et combien peu, dans cet oubli de toute la dignité dont il faisait naguère tant d'éclat, combien peu, dis-je, il ressemble à l'honnête homme trompé, qui s'éloigne et ne dit mot! — Hélas! le voilà tout près, lui, d'être l'homme trompé... qui reste — et Célimène n'a plus grand chose à faire pour lui démontrer que c'est lui qui a tous les torts, et que quand il aurait vu, ce qui s'appelle vu, il en doit récuser ses yeux et ne croire que ce qu'elle dit :

Allez, vous êtes fou dans vos transports jaloux
Et ne méritez pas l'amour qu'on a pour vous.
Je voudrais bien savoir qui pourrait me contraindre
A descendre pour vous aux bassesses de feindre,
Et pourquoi, si mon cœur penchait d'autre côté,
Je ne le dirais pas avec sincérité?

Qu'a-t-il à répondre à cela? Qu'est-ce qui la

forcerait à garder un amant si insupportable?
— Il ose douter d'elle ?

Quoi! de mes sentiments l'obligeante assurance
Contre tous vos soupçons ne prend pas ma défense?
Auprès d'un tel garant sont-ils de quelque poids!
N'est-ce pas m'outrager que d'écouter leur voix?
Et puisque notre cœur fait un effort extrême
Lorsqu'il peut se résoudre à confesser qu'il aime,
Puisque l'honneur du sexe, ennemi de nos feux,
S'oppose fortement à de pareils aveux,

Oui, après la peine qu'elle a eue, cette pauvre Célimène, à lui dévoiler son cœur; songez donc! la religion le défend,

L'amant qui voit pour lui franchir un tel obstacle
Doit-il impunément douter de cet oracle?
Et n'est-il pas coupable en ne s'assurant pas
A ce qu'on ne dit point qu'après de grands combats?

Il devrait rougir d'avoir cru que ce billet pût être pour un homme, c'est horrible, Célimène devrait se fâcher :

Allez, de tels soupçons méritent ma colère
Et vous ne valez pas que l'on vous considère;
Je suis sotte et veux mal à ma simplicité
De conserver encor pour vous quelque bonté;
Je devrais autre part attacher mon estime
Et vous faire un sujet de plainte légitime...

Et voilà comme Célimène s'excuse ; voilà comme elle explique

« les termes du billet qui montre tant de flamme »

c'est en accusant, c'est en menaçant d'être infidèle tout de bon ; et cela suffit ; il n'en demande pas davantage ; il fait bien encore mine de ne pas la croire ; au fond, il est enchanté ; battu et content, c'est le mot ; et la preuve qu'il ne se croit plus trahi, c'est qu'il reste, dit-il, pour voir s'il le sera un jour :

Ah ! traîtresse, mon faible est étrange pour vous ;
Vous me trompez sans doute avec des mots si doux,
Mais il n'importe, il faut suivre ma destinée
A votre foi mon âme est tout abandonnée ;
Je veux voir jusqu'au bout quel sera votre cœur
Et si de me trahir il aura la noirceur.

Et Célimène, minaudant :

Non, vous ne m'aimez pas comme il faut que l'on m'aime !

Là-dessus

ALCESTE, *s'empressant de se disculper, avec feu* :
Ah ! rien n'est comparable à mon amour extrême,
Et dans l'ardeur qu'il a de se montrer à tous,
Il va jusqu'à former des souhaits contre vous...

Je vous aime à ce point :

... que je voudrais qu'aucun ne vous trouvât aimable,

Je serais heureux si vous étiez rebutante,
Que vous fussiez réduite en un sort misérable,
Que le ciel en naissant ne vous eut donné rien,
Que vous n'eussiez ni rang, ni naissance, ni bien,
Afin que de mon cœur l'éclatant sacrifice
Vous pût d'un pareil sort réparer l'injustice
Et que j'eusse la joie et la gloire en ce jour
De vous voir tenir tout des mains de mon amour!

Admirable profession de foi et qui dans son emportement égoïste couronne de la façon la plus comique, cette scène qui d'ailleurs, je crois l'avoir assez indiqué, ne s'écarte pas un moment de la plus franche comédie! — Et comment ne serait-il pas plaisant, ce paysan du Danube, ce pourfendeur de toutes les hypocrisies et de toutes les complaisances, qui de la fureur la plus extravagante, se trouve amené, par le nez, à la soumission précisément la plus grosse de compromis et de sous-entendus! Est-ce Clitandre, le petit marquis, dont il se moque, est-ce Oronte même, qu'on bernerait ainsi? Non; il faut qu'il paie pour son humeur; Célimène entend s'en amuser d'autant plus qu'il est d'habitude plus hargneux et plus désobligeant; et elle en vient à bout sans grand peine, car véritablement le pauvre homme n'est pas de force.

Et c'est pour cela, me demanderont les moralistes, en fronçant leur auguste sourcil, c'est pour cela que vous le condamnez, que vous lui donnez tort? Ah! distinguons : je ne le condamne qu'à faire rire, comme tous les jaloux de comédie, comme Arnolphe joué par Agnès, comme Bartholo joué par Rosine; comme Georges Dandin enfin, qui l'a voulu!

Faire rire! Rire d'Alceste! Hé oui! je le sais bien, on n'aime pas convenir qu'on rit de cet honnête homme, de cet homme d'honneur; même les sceptiques craindraient qu'on leur reprochât de méconnaître ce qu'il y a de plus noble et de plus douloureux au monde; et sa défaite en amour le rend cher à ceux qui ont eu plus ou moins à se plaindre de Célimène, c'est-à-dire à... beaucoup de gens. On rit donc : mais on n'avoue pas. Moi, j'avoue ; et, je le répète, si j'avais eu l'honneur de jouer ce rôle, je me serais appliqué avant toute chose à en faire ressortir les côtés extravagants et comiques et je ne me serais senti pour cela la conscience gênée d'aucun remords, — au contraire.

Au contraire, dis-je ; je me serais couché ensuite, satisfait et gaillard, et convaincu d'avoir mis en évidence, autant que possible, la leçon que Molière nous a voulu donner : à savoir que quand on est bâti comme Alceste, on n'a qu'une chose à faire, c'est de s'en aller ; et de s'en aller tout seul, — trop heureux encore s'il ne trouve pas que c'est trop de compagnie !

Oui, Alceste est un grand cœur, et nous passe tous en vertu. Il a sur l'honneur des idées cornéliennes.

... La sincérité dont son âme se pique,
A quelque chose en soi de noble et d'héroïque.

Il aime véritablement, et passionnément, il a sur l'amitié, dès la première scène, des mots délicats et profonds, — c'est enfin plus qu'un saint, c'est un juste, et avec tout cela, Molière l'ayant condamné, je l'exécuterais sans miséricorde ; pourquoi ? — Parce que l'excès même de sa vertu puritaine ne tend à rien moins qu'à rendre la société impossible ! Parce qu'à force de haïr le vice, il prend l'homme même en aversion, parce qu'il est le *Misanthrope!*

Le misanthrope, quel qu'il soit, est l'ennemi de l'homme, c'est mon ennemi, je le combats.

Certes, Alceste n'a pas pour ses semblables la haine sauvage de ce Timon d'Athènes, dont Shakespeare a fait un drame, — espèce de monomane qui passe en un clin d'œil, parce qu'on a exploité sa déraisonnable faiblesse, d'une absurde philanthropie à une misanthropie d'anthropophage ; et il n'y a aucune comparaison à faire entre le chef-d'œuvre de Molière et la pièce de Shakespeare, qui est loin d'être une de ses meilleures.

Mais si Alceste ne pousse pas la haine jusqu'à la démence, il en garde assez pour condamner tous les hommes et se tirer de leur commerce, et cela au nom de sa vertu propre : et voilà de quoi Molière le raille. Molière ne croit pas qu'aucun homme soit assez vertueux, assez pur, assez complet pour se permettre d'anathématiser la nature humaine. Il n'est pas pour le mensonge, il est pour la société ; il n'est pas pour le vice, il est pour l'homme.

On l'a dit avant moi, son dernier mot dans le *Misanthrope*, c'est la tolérance sociale.

Au nom du bon sens, il proteste contre le puritanisme exalté. C'est lui qui crie par la bouche de Philinte :

... Faisons un peu grâce à la nature humaine !

Et Labiche dans son amusant vaudeville, *Le Misanthrope et l'Auvergnat*, n'a fait que développer à outrance la théorie de Molière : l'indulgence pour nos travers et pour ces abus même qu'entraîne la constitution de la société humaine et sans lesquels elle ne fonctionnerait qu'en rechignant, comme les engrenages où l'on ne met point d'huile.

Je ne sais si Molière a prétendu faire d'Alceste un janséniste ; mais je sais qu'il le combat, comme il combat Tartuffe son extrême ; et il ne combat Tartuffe avec tant de raison et de force, que parce qu'il a montré dans Alceste que, quand même on possède réellement toutes ces vertus dont Tartuffe n'a que la fausse apparence, on n'a pas pour cela le droit de se mettre au-dessus de l'humanité, de la maltraiter ni de la mépriser.

Oh! Alceste, tu le dis toi-même, *dans tous les cœurs il est toujours de l'homme!* C'est-à-dire qu'il y a toujours en nous de la faiblesse, toujours de la faute, toujours de l'imperfection! Dès lors pourquoi me rejettes-tu? Pourquoi me romps-tu en visière? Ah! ne fais pas tant l'orgueilleux, tu en reviendras de ton désert, pour ramasser l'éventail de Célimène!

Nous sommes tous hommes, ni plus ni moins, et avec tous les défauts que nous héritons d'Ève et d'Adam, faits pourtant pour vivre ensemble. Passons-nous en donc le plus que nous pourrons. Prenons y garde, nous, républicains, qui applaudissons les colères d'Alceste, il n'y a pas de fraternité possible avec une si hautaine vertu. Restons dans la *juste nature*. Et si nous avons trop à souffrir des hommes, tâchons de ne trouver là qu'une occasion, non pas de nous renfermer dans un isolement impossible, mais d'exercer sainement notre philosophie.

C'est le plus bel emploi que trouve la vertu.

Telles sont, je crois, les leçons qui ressortent du chef-d'œuvre de Molière; elles sont dignes du grand comique, dignes du génie sociable et bon de notre race, et il les donne à Alceste, comme don Juan fait l'aumône au pauvre, — *pour l'amour de l'humanité.*

RÉPONSE A M. DE LA POMMERAYE

ICI, Mesdames et Messieurs, se terminait cette étude. La première lecture que j'en ai faite a suscité de nombreuses critiques. Je m'y attendais et ne m'en suis pas ému outre mesure. J'attaquais un préjugé, pas très ancien peut-être, mais très solidement établi ; quoi d'étrange à ce que je fisse crier ? Je ne répondrais donc à aucun de mes adversaires, si l'un d'eux ne m'avait pris à partie ici-même, — fort courtoisement d'ailleurs, je dois le reconnaître, car il est la courtoisie même, et à ce trait de son signalement tout le monde le nommera ici : c'est M. de La Pommeraye.

Je confesse que je n'étais pas à sa conférence ; je jouais ce soir-là, peut-être du Molière ; car, on le sait, je n'ai jamais prétendu cacher le comédien derrière le conférencier ; c'est mon état de jouer, et surtout de jouer Molière, et ce qui m'a enhardi à parler de ce grand homme, c'est que je ne me borne pas à le lire, mais que je m'essaie souvent à faire revivre ses personnages. — Je n'ai donc pas eu le plaisir d'entendre M. de La Pommeraye ; mais le journal *la Conférence*, journal spécial, m'a apporté un résumé succinct et fidèle de sa causerie, et c'est sur ce résumé que je hasarderai quelques mots de réplique ; je reproduirai les accusations de mon adversaire, pour mettre au fait ceux de mes auditeurs qui peut-être n'ont pas plus que moi, eu le plaisir de les lui entendre formuler à lui-même.

M. de La Pommeraye dit que ma théorie n'est pas nouvelle. Je ne l'ai pas donnée comme telle : cela seul m'aurait condamné. Sur un rôle créé par Molière même, la théorie vraie ne peut pas être nouvelle, il faut au moins qu'elle remonte à Molière, et je crois que c'est le cas. Longtemps encore après sa mort, on jouait Alceste comme je désirerais qu'on le jouât : Molé craignait si peu d'en mettre en relief la mauvaise humeur, que dès son entrée en scène et sur le mot typique :

Moi, je veux me fâcher et ne veux rien entendre,

il cassait régulièrement un siège. Ce n'est qu'après lui qu'on a fait d'Alceste un amoureux, et la transformation remonte à Fleury, qui, n'ayant pas physiquement la force de jouer le rôle comme son prédécesseur, aima mieux, pour y réussir, en faire un personnage de son emploi.

M. de La Pommeraye dit : Chose singulière, la théorie de M. Coquelin est celle de tous les acteurs qui ont publié des études sur le caractère d'Alceste ; les littérateurs sont unanimes, au contraire, pour donner un grand sens philosophique à ce rôle.

D'abord, je ne nie point que le rôle ait un grand sens ; je le prends autrement que vous, voilà tout. Mais si votre assertion était vraie, avouez qu'elle serait bien puissante en faveur de ma thèse ! Si dans une question de théâtre, car enfin il s'agit ici de théâtre, n'est-ce pas ?

et le *Misanthrope* n'est pas un traité de Misanthropie, mais une comédie ; si donc, sur une question de théâtre, tous les acteurs sont d'accord, eux qui ont charge d'entrer assez avant dans la pensée de l'auteur pour pouvoir l'incarner, il y a gros à parier qu'ils n'ont pas tort, ce me semble ; et leur opinion vaut bien en tous cas qu'on la considère autant que celle de littérateurs très éminents du reste, mais qui ne sont pas de la partie.

Mais la vérité est que si les acteurs sont d'accord pour ma thèse, les littérateurs ne le sont point contre. Je prie M. de La Pommeraye de relire dans Jean-Jacques la longue, éloquente et fort injuste philippique qu'il dirigea contre Molière à propos même du *Misanthrope*. Si Jean-Jacques est si amer, c'est que précisément il voit Alceste comme on le jouait de son temps, c'est-à-dire comme un personnage comique ; et partant de là, il accuse Molière d'avoir ridiculisé la vertu. « Molière a voulu faire rire le parterre ! » répète-t-il à chaque paragraphe, et cela pendant dix pages, avec une fureur croissante. Vous voyez donc bien que le parterre riait. Et cela indignait Jean-Jacques. Pourquoi ? Ah ! c'est que lui-même était une espèce d'Alceste, d'ennemi de la société, de misanthrope atrabilaire, et il sentait très bien que si on riait d'Alceste, c'en était fait de lui, Jean-Jacques, et qu'on le bernerait aussi. L'on n'y a pas manqué.

Notez que je n'attaque pas plus l'un que l'autre : je prétends seulement qu'en passant la mesure, en sortant du bon sens, ils tombaient sous le coup de la comédie. Ce dont on rit, dans Alceste et dans Jean-Jacques, ce n'est pas la vertu : c'est la mauvaise humeur de l'un, c'est l'hypocondrie de l'autre, c'est l'habit arménien de celui-ci, ce sont les rubans verts de celui-là, c'est en un mot l'excès nuisible à la vertu même et qui la rend impossible à vivre.

Ai-je été trop loin dans mes critiques? Pas plus loin, certes, qu'un allié précieux que vient de m'envoyer inopinément la Providence, et que M. de La Pommeraye ne récusera pas, car c'est un académicien, et même un littérateur! Voici, en effet, ce que dit M. John Lemoinne, dans sa réponse au discours de M. Labiche. Qu'on me permette de citer cette charmante page; ce n'est pas une mince bonne fortune, pour un humble comédien comme moi, que de rencontrer son opinion si spirituellement habillée, dans cette auguste salle de conférence qui s'appelle l'Académie; lieu où les paradoxes n'ont guère de chance d'être admis, comme on sait; les vérités même n'y entrant guère qu'après un stage quelquefois un peu long :

« Il y a aussi de la vraie critique dans le *Misanthrope et l'Auvergnat*. L'homme chagrin voit tout en gris, se méfie de tout le genre humain, croit que tout le monde ment, il cherche toujours à découvrir quelqu'un qui le trompe et à le prendre en flagrant délit. Quand il a trouvé, il n'a pas perdu sa journée et, pour me servir d'une expression familière, il ne revient pas bredouille.

« Il rencontre l'Auvergnat ; celui-là lui dira la vérité. Oui, mais il la dit tellement qu'elle n'est plus tolérable. Machavoine dit : « Ah ! c'est que je suis franc, moi. Je ne sais pas mentir, moi ! — Tu ne sais pas mentir ! Machavoine, comment me trouves-tu ce matin ? — Je vous trouve laid. — Si je me mariais, crois-tu que je serais... ? — Oh ! ça ! tout de suite. » Et le misanthrope est heureux, et il s'écrie : « Enfin ! en voilà un ! Ça fait du bien, ça repose ! »

« Non, cela ne fait pas du bien ; non, cela ne repose pas. Le misanthrope, à qui on ne dissimule plus la vérité, est le premier à en souffrir ; il est obligé d'y renoncer et de retourner, je ne dis pas au mensonge, mais à la tolérance. En somme, le monde n'est qu'une grande société de tolérance mutuelle. Alceste est un être insupportable et fait pour vivre dans l'endroit écarté qu'il finit par aller chercher. Quel est, je vous prie, le devoir d'honneur, l'obligation morale qui force à trouver un sonnet mauvais ? La religion, la famille et la propriété ont-elles quelque chose à voir dans un sonnet ? Est-ce que l'on ment quand on est poli ? Dit-on à une femme qui manque de beauté qu'elle est laide ? Dit-on à un homme qui manque d'esprit qu'il est sot ? A moins toutefois qu'on ait des raisons de le leur dire. Mais pour l'amour pur de la vérité absolue ! Oh ! non, la morale ne l'exige pas. Si tout le monde était aussi vertueux, il n'y aurait plus de société habitable ; je me demande comment on vivrait ensemble ; je me demande comment nous ferions des discours d'académie. »

Des discours d'académie, dit M. John Lemoinne ; j'ajouterai, moi, et *des conférences;* car ici comme sous la noble coupole, toutes proportions gardées, le style d'Alceste ne serait guère de mise. Il ne l'est nulle part, avouons le, et à quoi servirait l'esprit en France, si ce n'est à dire la vérité sans faire de la peine, et à faire entendre ce qu'on ne veut pas dire ?

M. de La Pommeraye me reproche encore d'avoir dit qu'Alceste n'est point Molière. Il a lu à l'appui de la thèse contraire la fameuse conversation avec Chapelle à laquelle j'ai fait allusion. Je répète que cette conversation figure dans un affreux libelle qui porte contre Molière des accusations honteuses. Si cette page vous paraît si digne de foi, pourquoi rejetez-vous les autres ? Et comment ne voyez-vous pas que l'auteur inconnu du pamphlet a eu là pour but, non pas de relever Molière mais de noircir sa femme, comme dans tout le reste de son ouvrage ?

D'ailleurs, je l'ai dit, je ne nie pas que Molière ait souffert, je nie que ses souffrances en aient fait l'ennemi des hommes, ou des femmes. Je nie qu'il se soit peint dans un misanthrope. M. de La Pommeraye a établi fort brillamment qu'un auteur met toujours quelque chose de soi dans son œuvre : eh bien ! si Molière est dans le *Misanthrope*, je le vois mieux, lui, le contemplateur, dans la sage et indulgente sérénité de Philinte que dans le raide et contrariant puritanisme d'Alceste.

Et puis, comme on abuse des mots ! M. de La Pommeraye dit qu'une œuvre ne vaut précisément que par ce que l'auteur y met de soi. Mais que d'œuvres célèbres où l'auteur est introuvable ! Où est Shakespeare dans tout son théâtre ? Et Molière même, allez-vous le trouver dans toutes ses pièces ? Il est donc en même temps Alceste, Chrysale, Sganarelle et M. Jourdain ? Ah ! je le déclare, je ne trouve rien de plus agaçant que la perpétuelle préoccupation de personnalité dont nos écrivains d'aujourd'hui remplissent leurs ouvrages et rien ne me paraît plus contraire au génie de nos pères, et j'oserai ajouter, au génie de notre pays.

Après m'avoir reproché de ne pas voir Molière dans Alceste, M. de La Pommeraye me reproche de n'y pas voir M. de Montausier. Je me demande comment un même type peut ressembler si bien à deux hommes qui se ressemblaient si peu l'un l'autre. Mais je passe, et renvoie mon aimable contradicteur à M. du Boulan, chez qui j'ai puisé ce que j'ai dit contre ce duc et pair.

Après quoi, M. de La Pommeraye prend la défense d'Alceste comme critique littéraire. Alceste attaquant le sonnet d'Oronte dans les termes que l'on sait :

La peste de ta chute, empoisonneur, au diable !
En eusses-tu fait une à te casser le nez.

Alceste lui paraît, dis-je, en ces termes choisis, être l'interprète du bon goût révolté par les pointes et par le préciosisme de l'hôtel de Rambouillet. Je ne veux point lutter d'érudition avec M. de La Pommeraye : je crois cependant qu'en 1666, dix ans après les *Provinciales*, sept ans après les *Précieuses ridicules*, un an après la mort de Mme de Rambouillet, lorsque florissaient Molière, Corneille, Pascal, Despréaux, et tant d'autres, la veille d'*Andromaque* et de *Racine*, je crois, dis-je, que la langue française pouvait être considérée comme assez en sûreté pour n'avoir pas besoin de défenseurs aussi intempérants qu'Alceste ; et je demande si oui ou non, la chanson de *ma mie, ô gué* est écrite dans le style de Port-Royal et si M. de La Pommeraye la revendique comme un chef-d'œuvre de saine littérature et de goût délicat.

Mon honorable critique s'étonne ensuite que je me refuse à voir un symbole dans Alceste et que je nie que Molière ait eu dans sa pièce un but social. Il a cité, pour me mettre dans mon tort, une scène de *Don Juan*, celle où don Louis dit : « La naissance n'est rien où la vertu n'est pas. » M. de La Pommeraye croit-il qu'en émettant cette maxime, Molière ait eu des intentions révolutionnaires? Non sans doute, pas plus que Corneille qui, à peu de chose près, l'avait mise bien des années auparavant dans la bouche du père du *Menteur*. C'étaient là des axiomes classiques et qui n'empêchaient pas Corneille d'accepter des lettres de noblesse, ni Jean-Baptiste Poquelin de s'appeler *de Molière*. Autres temps, autres mœurs. Je ne vois dans Molière qu'un but social : celui de peindre la société, de rire de ses travers et de l'aimer néanmoins, et de vouloir qu'on y vive. Son temps n'était pas celui des pièces à thèses. On mettait sur la scène des hommes et non des théories, et les pièces n'y perdaient pas, ni les spectateurs non plus.

« Peut-être, ajoute M. de La Pommeraye, peut-être voyons-nous dans cette œuvre de Molière plus qu'il n'y avait cru mettre lui-même... » Je retiens cet aveu ; seulement je supprime le peut-être. Je dis : « *à coup sûr* » vous y voyez plus qu'il n'y a mis ! Et j'ajoute ceci, qui est plus grave : c'est que vous admirez Molière surtout pour ce qui n'y est pas ! Vous faites autour de l'homme une légende, vous ajoutez à sa création je ne sais quelle auréole épique, symbolique et passablement brumeuse, que chaque génération grandit en passant, et c'est pour cette légende et cette auréole que vous aimez l'homme et l'œuvre au lieu de les aimer pour eux-mêmes et pour ce qu'ils furent réellement.

Ah ! vous me dites en finissant que, sans le vouloir d'ailleurs (c'est beaucoup de grâce que vous me faites), j'ai rapetissé Molière ! — J'ai rapetissé Molière, moi ! moi qui tout à l'heure le mettais au-dessus de Shakespeare, — où voulez-vous que je le mette plus haut ? — Prenez-y garde, c'est vous qui rapetissez le vrai Molière en en faisant aimer un faux. Ce n'est pas rapetisser un homme incomparable que de le montrer tel qu'il fut dans son véritable milieu. Vous dites que le diminuer, ce serait diminuer l'art et la patrie. C'est vous qui bouleversez l'art en prêtant au grand comique du xviie siècle des procédés littéraires et des visées humanitaires qui ne devaient éclore que deux siècles après lui; et c'est vous enfin qui diminuez la patrie en prêtant à son plus grand écrivain, à celui qui la représente le mieux, des pensées si contraires à son génie, puisque vous voulez faire un misanthrope, un haïsseur d'hommes, un ami du désert, de ce sociable et bon Molière qui fut le plus Français des hommes, c'est-à-dire le plus humain !

LIBRAIRIE PAUL OLLENDORFF

28 *bis*, rue de Richelieu, Paris.

THÉATRE DE CAMPAGNE. Recueil périodique de comédies de salon. Ont paru les séries 1 à 7. Chaque série, 1 vol. in-18 jésus . . . 3 fr. 50

LA COMÉDIE FRANÇAISE A LONDRES (1871-1879). Journal inédit de E. Got, journal de F. Sarcey, publiés avec une introduction par Georges d'Heylli. 1 vol. in-16 sur papier vergé de Hollande. . . . . 3 fr.

LE MUSÉE DE LA COMÉDIE FRANÇAISE, par René Delorme. 1 beau vol. petit in-4°, sur papier vergé teinté japon . . . . 10 fr.

ALBUM DE LA COMÉDIE FRANÇAISE, par F. Febvre et T. Johnson, grande publication de luxe, in-4°, ornée de 26 eaux-fortes hors texte, avec autographes, sur papier teinté. . 25 fr.
Reliure toile riche, tranches dorées . . . . 30 fr.
Sur papier de Hollande. . . . . 50 fr.

THÉATRE BIZARRE, par R. Palefroi, 1 joli vol. in-16. . . . . 4 fr.

L'ART DE BIEN DIRE, par H. Dupont-Vernon, de la Comédie-Française. in-4°. . . . . . 1 fr.

LE MONOLOGUE MODERNE, par Coquelin cadet, de la Comédie-Française, illustrations de Loir Luigi, 1 petit vol. in-16, avec couverture illustrée . . . . 2 fr.

LES CONTES D'A PRÉSENT, par Paul Delair, avec une lettre de Coquelin aîné, de la Comédie-Française, sur la poésie dite en public et l'art de la dire, 1 beau vol. grand in-18. . . . . 3 fr. 50

PIÈCES A DIRE, par Adolphe Carcassonne, 1 vol. in-18 jésus. . . . . 3 fr. 50

A COTÉ DE LA RAMPE, comédies et saynètes, par Ed. Romberg, 1 vol. in-18 jésus. . 3 fr. 50

Évreux, Ch. Hérissey, imp.

www.ingramcontent.com/pod-product-compliance
Lightning Source LLC
LaVergne TN
LVHW050608090426
835512LV00008B/1394